O desencontro dos canibais

Sérgio Medeiros

O DESENCONTRO DOS CANIBAIS

Contos

ILUMINURAS

Copyright © 2013
Sérgio Medeiros

Copyright © desta edição
Editora Iluminuras Ltda.

Capa
Eder Cardoso / Iluminuras
sobre obra da série Números, 2009, de Cláudio Trindade.

Revisão
Júlio César Ramos

Este livro segue as novas regras do Acordo Ortográfico da Língua Portuguesa.

CIP-BRASIL. CATALOGAÇÃO NA PUBLICAÇÃO
SINDICATO NACIONAL DOS EDITORES DE LIVROS, RJ

M438d

Medeiros, Sérgio, 1959-
    O desencontro dos canibais : contos / Sérgio Medeiros. - 1. ed. - São Paulo : Iluminuras, 2013.
    104 p. ; 21 cm.

    ISBN 978-85-7321-412-3

    1. Conto infantojuvenil brasileiro. I. Título.

13-02232   CDD: 028.5
                      CDU: 087.5

19/06/2013   19/06/2013

2013
EDITORA ILUMINURAS LTDA.
Rua Inácio Pereira da Rocha, 389 - 05432-011 - São Paulo - SP - Brasil
Tel./Fax: 55 11 3031-6161
iluminuras@iluminuras.com.br
www.iluminuras.com.br

SUMÁRIO

O desencontro dos canibais, 7

Um canibalzinho só, 9
Uma canibalzinha só, 17
Um canibalzinho muito só, 25
Uma canibalzinha muito só, 35
Uma canibalzinha muito, muito só, 45
Um canibalzinho muito, muito só, 55
Uma Terra só, 65
Epílogo, 71

Sol, 75

O desmembramento, 79

Cinzas, 93

O DESENCONTRO DOS CANIBAIS

Para umas crianças que vi outro dia na nossa universidade: elas caminhavam de manhã cedo por um imenso pátio esburacado, a maior tinha grandes óculos grossos; outra estava numa cadeira de rodas e gesticulava muito; a mocinha que empurrava a cadeira conversava com uma senhora que caminhava ao lado dela e dava a mão à menorzinha de todas, que usava chinelos de dedo.

Para Ermanno Stradelli (1852-1926), que reinventou o mito amazônico de Jurupari, o heroico filho de Seuci, virgem que provou a fruta sumarenta...

UM CANIBALZINHO SÓ

CAPÍTULO 1

Várias árvores foram podadas no jardim abandonado.

Na verdade são árvores canibais. Elas se atacaram violentamente umas às outras na tarde fria. É o que conclui o canibalzinho.

Elas foram cortando os galhos que podiam cortar e quebrando-os. Depois cada árvore depositou esses galhos quebrados em cima das raízes no chão. O chão ficou cheio de folhas também. Isso é o alimento das árvores, pensa o canibalzinho.

As árvores saciadas não se mexem mais. Atrás delas, porém, outras árvores intactas ainda se balançam, às vezes muito.

O canibalzinho cruza entre elas. Antes ele tomou o cuidado de arrancar do corpo todas as folhas que lhe serviam de indumentária. Assim despido ele passa entre as árvores canibais. E ao dar um passo à frente procura cuidadosamente não quebrar com a sola do pé qualquer galho seco. Teme que um ruído desse tipo possa despertar o apetite de alguma árvore voraz.

Ele percebe que as formigas famintas momentaneamente deixaram em paz as folhas lançadas no chão. As formigas daquele lugar também são canibais e agora estão tentando comer umas às outras.

Para o canibalzinho isso é ótima notícia. Ele não teme mais ser picado por formigas ferozes e venenosas. As formigas não desejam pés humanos, não desejam mais nada.

Infelizmente, o canibalzinho faz sem querer um ou outro ruído, sobretudo ao pisar em algumas folhas secas. Porém a imobilidade das árvores saciadas é total.

O pequeno caçador teme que elas possam achar que ele está tentando roubar os alimentos preferidos delas, isto é, galhos e folhas suculentos. Mas ele só quer seguir avante.

Adormecerá num local logo à frente, de preferência onde os mosquitos sejam canibais e não apreciem tanto o sangue humano que corre nas veias dele.

Por isso o canibalzinho não pode parar agora. E ele não parará. Continuará pisando cuidadosamente nas folhas dispersas no chão.

Logo encontra apenas capim.

Depois areia.

À esquerda vê o brilho de uma poça onde ele poderá talvez banhar-se...

CAPÍTULO 2

Em pé, no fim da tarde, o canibalzinho tenta arrancar com os dedos um dente mole que não quer cair. Por causa disso ele está sempre com os dedos na boca... Parece um menino e na verdade não passa de um. Uma gaivota desengonçada e torta passa por cima da sua cabeça.

Ele olha para cima e percebe que a gaivota é alternadamente leve e pesada no ar morno. Ela sobe girando, mas logo desce também girando e quase toca o chão.

Como ele agora só vê uma gaivota no céu, imediatamente conclui que ela comeu todas as outras.

— Comeu pai e mãe — ele murmura para si mesmo, antes de cuspir no chão um pouquinho de sangue.

Ele sorri para a gaivota, mostrando-lhe o seu dente mole que não quer cair. A gaivota mexe a cabecinha de um lado para outro, sem parar de voar em círculos.

— Comeu o irmão — ele continua. — Comeu a irmã, o primo, a prima, o afilhado, a afilhada, os tios, as tias, os vizinhos, as vizinhas...

De repente a gaivota pousa no chão e sai correndo.

— Comeu, comeu, comeu todo mundo...

Vendo aquela gaivota empoeirada no chão ele sente vontade de tomar banho de mar. Mas e se o mar canibal já tiver bebido toda a sua água?

Isso o fascina. Ele começa a correr e quase atropela a gaivota. Ela alça voo para deixá-lo passar. Então ele corre sem parar até a praia.

Dá com o mar, mas o mar está longe, ou assim lhe parece. Antes a praia não tinha tanta areia branca como agora.

Depois de fincar seu cajado na areia, ele sai correndo aos gritos e se atira na água fria. A onda o devolve à areia.

Vê no mar uma gaivota flutuando bem longe da praia.

— Então sobrou outra gaivota no mundo?! — ele se pergunta sorrindo.

Ele quer presenciar as duas únicas gaivotas do mundo se enfrentando naquele mar.

Se existisse outro canibalzinho por perto, ele lhe proporia uma aposta. Ganharia quem adivinhasse qual das duas gaivotas faria naquele final de tarde uma bela refeição.

Infelizmente, nunca encontrara um canibalzinho por perto. Nem uma canibalzinha com quem pudesse tagarelar e fazer apostas. Uma canibalzinha!

CAPÍTULO 3

Quarta-feira de manhã — não será só um sonho do canibalzinho? — o asfalto é varrido zelosamente por grandes vassouras. Parece estar sendo preparado para receber alguém muito especial, que só pode ser (ele imagina) a canibalzinha.

Os carros que chegam a esse trecho da estrada estacionam numa faixa estreita, enquanto homens uniformizados com vassouras vão e vêm sob o sol, no meio da estrada ensolarada.

A canibalzinha — ainda é o mesmo sonho? — põe o braço nu para fora da janela do seu carro *sport*.

Os homens uniformizados agora plantam no meio do asfalto cinza orquídeas de um roxo-escuro. Todas eretas, as orquídeas recebem o vento dos carros que passam incessantemente ao lado delas: não perdem a compostura, talvez apenas fiquem um pouco mais unidas.

Se o canibalzinho despertar agora do seu sonho cinza e roxo perceberá (talvez) que as orquídeas são seus dedos que deixaram a canibalzinha escapar através deles como uma brisa rápida.

UMA CANIBALZINHA SÓ

CAPÍTULO 1

O sol de uma tarde fria lança de repente uma rápida sombra na porta de vidro — sombra de algo veloz e diminuto que passa em silêncio.

Essa porta em pé foi tudo o que sobrou de uma antiga construção que já havia virado pó há muito tempo. Na verdade, a imensa porta de vidro já não para em pé, por isso está agora apoiada num imenso tronco de palmeira. Não se sabe por que ela está tão longe do pó da antiga construção.

Então de novo uma rápida sombra passa na porta de vidro.

É a sombra de um ser agitado e de baixíssima estatura que só pode ser a canibalzinha. Diante de qualquer sinal de uma provável nova construção na Terra, ela fica felicíssima. Então ela começa a ir e vir sem cessar diante desse sinal, que pode ser um inesperado tijolo esfarelado, um ladrilho trincado, ou — milagre! — uma porta de vidro intacta como aquela!!!

A canibalzinha passa na frente da porta de vidro e depois atrás dela várias vezes. Encosta de leve os dedinhos no grosso vidro imundo. Os passarinhos tinham feito cocô nele. Muito cocô.

Depois de cheirar o vidro ela começa a retirar com as unhas compridas as manchas brancas que o cobrem quase inteiramente. Como ela é muito baixinha, precisará de uma escada para levar avante esse trabalho.

Então ela se senta no chão e admira a porta, que agora exibe uma faixa limpa na parte inferior graças à atuação das suas unhas compridas, as quais haviam conseguido retirar dali todo o cocô seco dos pássaros.

A canibalzinha está decidida a esperar diante daquela porta a chegada do seu parceiro, que é um rapazinho a quem ela jamais vira. Ele certamente será forte e muito hábil, e construirá em volta da porta uma cabana de barro ou de madeira, onde ambos passarão a morar juntos como marido e mulher.

E ambos terão só para si apetitosos filhotes, dúzias deles...

CAPÍTULO 2

O fiozinho estendido entre dois troncos de palmeira brilha ao sol. A teia da aranha é só isso, um fiozinho longo lá no alto. A canibalzinha deitada de bruços no chão olha para cima encantada. Então tem uma ideia.

Depois de se levantar ela amarrará rente ao chão uma corda entre os dois troncos. O primeiro canibalzinho que passar correndo tropeçará na corda e cairá nos seus braços. Os dois rolarão abraçados no chão, mas nenhum morderá o outro. Apenas rolarão, rolarão, rolarão...

O fio iluminado sobe e desce, desloca-se de um lado para outro e depois volta ao mesmo lugar. Parece uma libélula nervosa que não pode seguir adiante.

Não é o fio todo que está iluminado, mas só um pedacinho dele. E esse pedacinho não para quieto no ar e parece mesmo uma libélula. O brilho vai e volta, sobe e desce, depois para. Faz de conta que está estacionado, mas se mexe de novo, nervoso.

Isso deixa a canibalzinha tonta. Ela fecha os olhos. Ela sonha muito. De olhos abertos e de olhos fechados. Sonha a qualquer hora do dia. E os seus sonhos estão povoados de gente. Gente buliçosa, querendo avançar sobre ela.

— Essa gente do meu sonho se mexe como essa libélula doida — ela diz baixinho abrindo de novo os olhos.

O brilho continua lá em cima, grudado no fiozinho de aranha estendido entre as palmeiras. Vai e volta, sobe e desce, quase para, mas sai correndo de novo...

— Bem, agora sou uma aranha! — ela exclama trêmula, quase com raiva: e se a sua teia não prender ninguém?

De repente ela se senta no chão, arruma os longos cabelos puxando-os com ambas as mãos para trás, mexe os dedos dos pezinhos e abre os braços. Solta um pum que se prolonga infinitamente como um fiozinho bem esticado. Põe-se de pé sorrindo. Não está mais com raiva.

— Agora só vou papar aranhas — ela diz em voz alta, para anunciar ao mundo que se tornou mesmo uma temível aranha canibal.

O dia apenas começa. A canibalzinha espera que os fios que ainda pretende esticar rente ao chão entre os troncos das palmeiras derrubem muita gente nos seus braços.

— Eles serão os meus animaizinhos de estimação — ela diz saltitando. — É claro que não vou comê-los! Só vou lambê-los! Agora só como aranhas! Comerei todas as aranhas do mundo! Assim todas as teias serão minhas!

Nesse momento ela vê na areia um caroço seco que lembra uma aranha peluda. Percebe várias frutas maduras ao redor de si, pendentes dos galhos. Ela pega um pau comprido e bate numa fruta, derrubando-a com estardalhaço no chão.

Ela come sofregamente a fruta sumarenta, sujando todo o rosto redondo. Só deixa o caroço, cujos fiapos duros ela penteia com os próprios dentes. Depois segura o caroço com as duas mãos acima da cabeça como um troféu: ele é igualzinho a uma aranha peluda.

CAPÍTULO 3

O pequeno atleta suado — não será só um sonho da canibalzinha? — para na calçada para conversar com um canibalzinho cheiroso. Este está bem-arrumado, recém-saído do banho.

Então o canibalzinho vira o rosto para o lado e cospe longe, quase molhando a canibalzinha circunspecta que se aproxima dos dois imersa em devaneios. Sem esboçar qualquer reação, ela segue em frente. Parece muito tímida. Ou sonsa.

Parece sorrir e sonhar.

Uma tampa de papelão se ergue atlética do chão, isto é, move-se sozinha, como um tronco humano que se levantasse subitamente diante da canibalzinha. Na caixa destampada ela vê... as roupas dobradas do canibalzinho cheiroso.

Então ela começa a correr pela calçada, perseguida (talvez) por um canibalzinho (que ela supõe estar) nu.

UM CANIBALZINHO MUITO SÓ

CAPÍTULO 1

Já passou muito tempo? Parece que o canibalzinho envelheceu e ficou careca.

Agora ele anda por uma estradinha de terra que animais de grande porte abriram na mata. O sol está alto, o canibalzinho se embrulhou bem num pelego felpudo, pois está febril e seus dentes batem sem parar.

— Que frio, que frio! — ele exclama enquanto prossegue cambaleando pela estradinha.

Os estrumes dos grandes animais estão secos na terra amarela. A careca do canibalzinho é da cor da areia que ele pisa.

Ele se parece cada vez mais com uma criancinha de três anos que se perdeu na mata. E só sabe falar "frio". Se ele começasse a chorar seria uma criancinha perfeita.

Os pais dele tiveram coragem de deixá-lo ali sozinho, sem comida, sem água, sem nada, sem quase nada?

De repente o canibalzinho se deita junto a um tufo de capim. E adormece enrolado na sua pele de carneiro.

Então ele acorda bem-disposto. Não está mais careca nem tem febre. Não é velho nem criancinha: é o jovem canibal de sempre.

Ele havia sonhado que era ao mesmo tempo velho e criança por causa da febre. Achara que era careca como um velho ou como um bebê. Mas, desperto, se examina nas águas de uma lagoa e constata que é ainda um homem com cabelos abundantes.

— Agora estou com fome — ele murmura depois de saciar a sede.

Olha ao redor e vê uma mangueira carregada de frutas maduras.

— Sou uma manga! — ele grita. — E vou comer todas as mangas desse pé!

O canibalzinho só consegue comer frutas quando se imagina também uma fruta! Pois bem, ele se torna uma manga canibal num piscar de olhos! Sobe num galho da mangueira e fica ali parado como uma grande fruta madura. E então satisfaz o seu apetite voraz: começa a comer todas as mangas que encontra em volta. Come, come até fartar-se, até dizer "chega".

— Chega! — repete saltando para o chão.

Agora não é mais manga, não é mais fruta nenhuma, ele é de novo um homem de estômago cheio.

— Vou atrás dela — ele diz vagamente e sai correndo pela estradinha, com o pelego debaixo do braço.

Quem é "ela"? Nem ele sabia. Nunca vira ninguém. Nunca ouvira ninguém nem dera jamais com os rastros "dela" na areia. Nunca sentira o seu cheiro no ar...

Mas decidiu ir buscá-la até o fim do mundo. Se um dia a encontrar, ele dirá para enganá-la:

— Sou também uma moça!

Assim ela pensará que ele não deseja comê-la e ficará tranquila diante dele.

Então lhe surge uma dúvida: e se essa moça que ele procura há anos tiver também desejos canibais tão fortes quanto os dele?

Ela vai pensar ao vê-lo: "Vou comer esse rapaz!"

Nesse caso, quem vai morder quem primeiro, já que são dois canibais frente a frente?

Só encontrando a mocinha para saber!

E o canibalzinho continua avançando pela estrada de areia amarela.

CAPÍTULO 2

Uma cadeira barulhenta voa presa a um paraquedas aberto. Ela transporta alguém de capacete que às vezes quase toca os pés na areia. De repente a engenhoca se eleva rápido, porém sem subir muito no ar.

A sombra da engenhoca passa por cima do canibalzinho, que acaba de despertar: ele dá um pulo. É cedo e faz um pouco de frio.

O canibalzinho se surpreende com a velocidade com que a cadeira se afasta dele e finalmente some no horizonte.

O canibalzinho sobe no tronco de uma palmeira e examina o horizonte.

Ele acha que tudo não passou de um sonho. Mas se foi capaz de sonhar tão nitidamente com aquele "pássaro" — e só pode ser um! —, é porque aquele pássaro já foi um dia devorado por ele e agora está bem acomodado na sua barriguinha e de lá lhe envia de vez em quando sinais como puns estrondosos...

— O que foi mesmo que comi ontem? — pergunta o canibalzinho incrédulo. — E anteontem?

Ele não comeu nada de especial, apenas uma coisinha aqui e outra ali, nenhum prato digno de ter ficado gravado na memória. Então ele ainda não comeu aquele pássaro enorme e barulhento!

— Se eu não o comi ontem nem anteontem — pondera o canibalzinho —, devo tê-lo comido muito tempo atrás...

É claro que também existe a possibilidade de o pássaro não ser só um sonho: ele pode estar bem vivo e, nesse caso, poderá voltar! Se isso acontecer, o canibalzinho não o deixará escapar!

— Pularei no pescoço dele e o derrubarei no chão! — exclama o trêmulo canibalzinho no alto do tronco da palmeira. — Que banquete terei!

O canibalzinho não quer saber de descer tão cedo da palmeira: ele sente que agora se transformou também num pássaro e que, em breve, atacará o outro pássaro, que é talvez o maior pássaro do mundo. Mas isso não o amedronta!

Infelizmente o maior pássaro do mundo não dá o ar de sua graça.

— Será que foi sonho? — pergunta o passarinho canibal no alto da sua palmeira. — Será que eu já comi aquela coisa e esqueci?

O canibalzinho ainda é moço (só tem uns fiozinhos de cabelo branco), mas sua memória talvez esteja falhando e pregando-lhe peças.

Cansado e faminto, ele escorre pelo tronco áspero até atingir o chão.

— E se seu sair correndo atrás daquele pássaro?

É o que o canibalzinho faz imediatamente, com toda a força de que dispõe: franzino e barrigudinho ele avança veloz pela areia da praia, numa corrida memorável.

Talvez o pássaro que fugiu não seja exatamente um pássaro. Não poderia ser uma baleia dando pulos na areia da praia?

Ou um bicho desconhecido pulando sem parar? Um canguru?

Sim, um canguru!

E o canibalzinho começa a pular como um canguru (bicho que ele nunca viu) enquanto segue em perseguição do outro.

CAPÍTULO 3

Depois que o urubu alça voo subitamente, a velha luminária que lhe servia de poleiro balança no alto do poste como se não fosse parar mais

Parece um longo cotonete negro se esfregando contra o enorme pôr do sol.

O canibalzinho acende uma fogueira ao pé da luminária trêmula.

Como se temesse a aproximação de alguém, ele olha ao redor enquanto assopra as chamas agachado diante da fogueira.

Por um momento ele acredita que nessa noite não estará sozinho nessa ruela da antiga cidadezinha.

— O urubu já se mandou... — ele murmura.

Aguarda em vão a aproximação... da canibalzinha. Em algum lugar da Terra deve haver uma mocinha da sua estatura e da sua idade. Mas ela nunca deu sinal de vida, nunca apareceu diante dele, a não ser em sonhos.

— Será que eu comi a canibalzinha? — ele se pergunta incrédulo.

A noite é tão escura quanto o urubu que acabou de voar para o seu ninho secreto, longe ou perto dali.

Ele tem a estranha sensação de que já se encontrou com a canibalzinha no passado...

Sonolento, ele risca com a ponta de um galho seco uma silhueta feminina na areia diante da fogueira acesa.

— E se eu for o pai dela? — ele se pergunta sem muita convicção.

Então se deita no chão como um vira-lata. Depois de longa pausa, ele se indaga:

— Mas cadê essa menina?

Não sabe onde ela está nesse momento, mas... mas...

Sente-a muito perto de si, talvez dentro da sua barriga...

Então começa a roncar banhado na fumaça da fogueira.

UMA CANIBALZINHA MUITO SÓ

CAPÍTULO 1

Com um velho guarda-chuva aberto na altura da barriguinha saliente, ela avança pela orla da floresta seguida por um feio urubu.

— Saia! — ela grita para o urubu que gira baixo à volta dela.

O urubu pousa em silêncio atrás da canibalzinha. Ela segue em frente com passo firme e com o guarda-chuva aberto como uma imensa luva de boxe diante do seu umbiguinho saltado.

As árvores altas ficam para trás. Agora as árvores são mais raras e menores.

— Pronto — ela diz visivelmente aliviada. — Acho que escapei daqueles cipós nojentos que fizeram cócegas na minha barriguinha.

Ela fecha o guarda-chuva e se senta à sombra de uma árvore. O urubu se aproxima aos pulos e belisca um dedo gracioso do seu pezinho enlameado.

— Olhe lá, hein? — ela grita para ele com o rosto zangado. — Viro num zás uma ave preta bem grande e te como assado no espeto!

O urubu entende perfeitamente essa mensagem ameaçadora e para de beliscar o gostoso pezinho gordo — ele se contenta em ficar olhando para ele. É uma ave pequena de penas opacas.

— Está bem — diz a canibalzinha. — Você será o meu bicho de estimação.

A canibalzinha preferia ter um gato, mas ainda não achara nenhum perdido por aí.

— Acho que não tem mais gato no mundo — ela murmura pensativa fitando na imaginação um vasto mundo onde tudo e todos são canibais. — Devem ter brigado feio uns com os outros até que um dia nem os seus rabos sobraram para contar a história.

O urubu dá um pulo para o lado e abre as asas, mas não levanta voo.

Então os dois ficam descansando à sombra da árvore.

— Você está tão magrinho — ela diz. — Não comeu os seus parentes?

O urubu apenas se coça ardorosamente debaixo das asas.

— Os meus parentes estão aqui — ela continua, acariciando a barriguinha com as duas mãos. — De vez em quando eu sonho com eles. Sonho com os meus vizinhos também. E com uma professorinha que eu tive.

O urubu se chacoalha.

— Você não se lembra — ela diz para o urubu —, mas você também comeu todos os urubus do mundo.

O urubu canibal parece concordar com a canibalzinha e balança a cabeça quase careca duas ou três vezes.

A canibalzinha também balança a cabeça e finalmente adormece. Sonha com o urubu. Ele dá um salto para trás. Depois outro. Depois outro. Até desaparecer. No bico ele leva uma unha do pezinho dela!

Dando um grito a canibalzinha desperta. Olha para os pés. Todas as suas unhinhas sujas estão no lugar. Mas o urubu foi embora!

— Será que eu virei um urubuzão e comi aquele urubuzinho que estava aqui comigo? — ela se pergunta perplexa, procurando penas soltas ao seu redor e ossinhos soltos aqui e ali.

Como a canibalzinha não vê absolutamente nada que indique o banquete canibal, exclama confusa:

— Mas se eu sonhei com aquele urubu... é porque eu já o comi e ainda estou fazendo a digestão!

Fazendo uma careta esquisita, ela esfrega as duas mãos na barriguinha saliente. A barriguinha ronca alto.

— Mas eu ainda estou com fome! — ela exclama. — Acho que não comi nada!

A canibalzinha está realmente faminta, mas o cansaço é muito maior do que a vontade de comer. Afinal, ela cruzou a floresta com velocidade crescente e finalmente teve de correr muito para evitar o contato com os cipós gosmentos.

Agora ela abre o guarda-chuva e se aconchega sob ele, adormecendo de novo.

CAPÍTULO 2

Na manhã cinzenta a canibalzinha vê dois pássaros voando. Eles não batem as enormes asas abertas, apenas deslizam no ar morno, indo sempre para trás, um ao lado do outro. Parecem escorregar por uma colina íngreme, sem forças para subir até o topo.

Para imitá-los, a canibalzinha se põe a caminhar também para trás, mantendo ambos os braços esticados como asas. Ela sorri.

— É muito engraçado ser um pássaro que voa apenas para trás.

Sem querer ela entra de costas na floresta, enleia as pernas num cipó e cai sentada no chão.

— Acho que enquanto voava comi aqueles dois pássaros — ela diz passando as duas mãos na boca, uma após a outra, várias vezes.

A canibalzinha sabe que pode estar mentindo para si mesma: ela não comeu os dois pássaros nem alçou voo de costas na manhã que ameaça chuva. Mas é tão difícil admitir a derrota!

— Se eu sonhei com aqueles pássaros... — ela afirma na escuridão da floresta — é porque eu já comi os dois há muito, muito tempo! Minha digestão é difícil!

Então ela se dá conta de que está misturando os pássaros do sonho com os pássaros lá de fora de propósito. Pois é sempre bom se enganar quando se tem fome.

— Não, aqueles pássaros não são um sonho! — ela diz de repente e se põe de pé.

Ao alcançar a clareira, ela olha para cima e vê nuvens feias se avolumando sem parar. Os pássaros sumiram do céu.

— Um comeu o outro — ela resume a história dos pássaros que voavam para trás sem mover as longas asas.

Então ela coça a cabeça, intrigada com os sonhos que tem tido de olhos abertos. E se não forem sonhos?

— E se for tudo verdade? — ela se pergunta muitas vezes. — E se for tudo verdade?

A canibalzinha aguarda em pé na clareira a primeira gota de chuva.

— E se eu estiver agora sonhando com uma chuvarada que nunca cai? — ela se indaga.

Depois de pensar um pouquinho mais, ela acrescenta:

— Será que eu já não bebi toda a chuva qualquer dia desses?

Como a canibalzinha não está sedenta nessa manhã tempestuosa, ela tem quase certeza de que é porque toda a água da chuva está guardada na sua barriguinha. As nuvens sobre a sua cabeça estão secas, completamente secas.

Realmente, a canibalzinha parece acreditar nisso e fecha os olhos quando ouve um trovão próximo. Não terá vindo aquele barulho da sua barriguinha cheia de água? Como ter certeza disso?

— Só se eu começar a chorar é que vai começar a chover — diz a canibalzinha abrindo os olhos cheios de lágrimas. — A chuva será o meu choro!

Então ela começa a chorar de verdade enquanto os trovões vão soando longe e perto, alternadamente. Ela estremece toda de prazer.

De repente as gotas de chuva e as lágrimas salgadas se misturam na clareira: o temporal finalmente desaba com todo o peso sobre a floresta inteira.

A canibalzinha leva nas costas chicotadas de água e é lançada de bruços na lama.

CAPÍTULO 3

A névoa cruza o asfalto esburacado e encontra do outro lado da estrada um antigo saco de plástico verde cheio de lixo.

A canibalzinha se põe de pé sob o sol nascente. Vê o saco de lixo pela primeira vez.

— Quem pôs esse saco aí? — ela se pergunta bocejando.

A névoa se afasta, pairando agora sobre o campo; o saco de plástico fica mais visível do que nunca.

A canibalzinha se inclina sobre o saco, mas não mexe nele.

— Parece bem velho — ela conclui embrulhando-se numa cortina transparente e áspera que encontrara na noite passada pendurada num galho de árvore.

Sem vontade de abrir o saco de lixo, a canibalzinha decide avançar pela estrada deserta. Certamente ela ainda verá algo mais interessante do que aquele mísero saco de lixo que já ficou para trás, apenas um pouco maior do que um estrume de vaca. Pelo menos é o que a mocinha assegura a si mesma, batendo o queixo de frio.

A névoa atravessa de novo o asfalto e encontra do outro lado um saco de lixo maior do que o anterior.

Depois de passar o pé nele, a mocinha embrulhada na cortina diz:

— Duro como pedra.

Mesmo que ela quisesse não conseguiria abrir o saco de plástico. O sol quente talvez o amoleça em breve, mas ela não ficará ali para esperar pelo calor a fim de abrir com suas mãozinhas geladas antigos sacos de lixo.

Então ela prossegue pela estrada, sabendo que encontrará ao longo dessa caminhada matinal outros sacos de lixo molhados de sereno como esse que ficou para trás.

UMA CANIBALZINHA MUITO, MUITO SÓ

CAPÍTULO 1

Uma folha marrom se curva para cima no meio da poça suja entre vários carros estacionados. A folha assume ares de filhote de jacaré, a cabeça erguida olhando para um misterioso carro que talvez se aproxime sob o sol a pino.

Mas quem se aproxima daquele filhote é a canibalzinha cambaleante, que entrou por acaso no estacionamento de carros velhos. Ela enfia os pés na poça e estende uma perna na direção do jacarezinho.

— Morda o meu pé! — ela diz provocando-o.

Os olhinhos do jacaré estão abertos, mas ele não dá o bote. Afinal, trata-se de uma folha marrom que o vento de repente revira na lama transformando-a numa folha comum.

A canibalzinha tem a impressão de ouvir um grito humano. Olha ao redor e não vê ninguém.

— Agora só me falta aparecer alguém e gritar comigo — ela diz. — É bem capaz de me mandar de volta para casa!

Ela ri dessa ideia, pois nesse instante toma a decisão de entrar num dos carros estacionados ao sol e fazer dele o seu lar, o seu único lar na Terra.

A canibalzinha abre a porta de um carro; ele está cheio de teias de aranha.

— Será que agora vou ser uma aranha? — ela se pergunta em dúvida.

A canibalzinha abre a porta de outro carro e ele está cheio de abelhas.

— Será que agora sou também uma abelha? — ela se pergunta em dúvida.

A canibalzinha abre a porta de outro carro e exclama dando um saltinho para trás:

— Opa!

É que no banco reclinado do motorista ela vê um grande esqueleto sentado.

— Meu senhor... — começa a dizer. — Minha senhora...

Ela já tinha visto algumas ossadas antes, mas nunca um esqueleto humano tão completo como aquele. Na verdade, aquele era o primeiro esqueleto de um ser humano que ela via tão de perto. Parece estranho dizer isso de uma canibalzinha adulta que acredita se alimentar de gente, mas é a mais pura verdade.

Bem, talvez ela nunca tivesse tido oportunidade (nem grande desejo) de comer gente na vida. Nesse caso pode-se afirmar que ela é tão somente uma pobre mocinha faminta que come umas porcariazinhas aqui e outras ali. E que às vezes sonha com pessoas que conheceu tempos atrás, em outro mundo, atribuindo os sonhos da noite passada, pelo fato de ela mesma se considerar uma canibal voraz, a uma digestão lenta e difícil que nunca se concluía no seu estômago. Mas é claro que ela não é tão voraz assim nem tampouco comera aquelas pessoas com quem costumava sonhar. Sente-se cada vez mais mocinha e menos canibalzinha.

— Mas então existem mesmo canibais?! — pergunta-se perplexa a canibalzinha enquanto coloca um dedinho entre os dentes sinistros da caveira. — Será que alguém comeu esse senhor... essa senhora... e só deixou os ossos?

Ao examinar a caveira de perto, ela percebe vários fios brancos em volta desta, espalhados soltos ou grudados no banco do carro.

— Este senhor... — ela começa —, ou melhor, esta senhora... morreu de velhice!

Depois de caminhar perplexa entre os carros, abrindo e fechando portas, e encontrando neles todo tipo de passageiro — cobras, mosquitos, sapos etc. —, ela finalmente encontra um belo pé de abacate com frutas maduras na carroceria de uma camionete. Na cabine arrebentada da camionete vê um pé de limão também com frutas.

Depois de comer um abacate mole com caldo espesso de limão-galego, a canibalzinha chega a uma incrível conclusão, que expressa em voz alta:

— Acho que eu sou a primeira canibal do mundo... e ainda não tive a oportunidade de comer ninguém!

Reflete mais um pouco mastigando abacate com caldo azedo de limão:

— E sou a última canibal também... — pondera melancólica. — Se eu não me alimentar direito e morrer de repente de fome, acho sinceramente que não vai sobrar um único canibal no mundo!

Então ela se ergue e apanha do pé mais um abacate maduro, no qual espreme um grande limão-galego. E continua a sua refeição do meio-dia, rodeada de carros velhos cheios de surpresas.

A graciosa canibalzinha permanece sentada na carroceria da velha camionete, à sombra do enorme pé de abacate. Enfia a mãozinha na fruta mexendo bem lá dentro, como se fosse um liquidificador.

CAPÍTULO 2

Finda a feira, copos de isopor ficam espalhados pela calçada, onde um vira-lata lambe sem pressa uma embalagem vazia, quadrada, suja de molho.

Anos depois a canibalzinha encontra os copos ainda espalhados na calçada, mas não vê o vira-lata.

Tampouco sente o cheiro do molho, que secou na embalagem de plástico.

Um tucano, seguido por dois passarinhos nervosos, cruza por cima da cabeça da mocinha.

— Os passarinhos não vão devorar aquele tucano — ela conclui.

Imagina que os passarinhos só querem afugentar o tucano dali, ou levá-lo para outra região, onde ele não mais perturbará as outras aves.

Depois de juntar vários copos, enfiando-os uns dentro dos outros, ela se afasta da feira segurando diante de si uma longa coluna torta de copos de isopor.

Não sabe qual será a utilidade daquilo...

CAPÍTULO 3

Antes do amanhecer, pequenos pedaços de madeira surgem na estrada; depois, grandes tábuas. Talvez algum animal os tenha lançado ali.

Ou talvez tenham caído da carroceria de um velho caminhão carregado de madeira, dirigido por um motorista insano. Talvez esse motorista fosse ninguém menos do que o canibalzinho!

Como ainda está escuro, a canibalzinha não pode examinar o chão para verificar se ali tem rastos recentes de pneus.

Então ela se senta numa tora fria, que cruza o meio da estrada, e fica aguardando o amanhecer.

— Acho que esta noite sonhei de novo com ele! — diz sorrindo.

"Ele", no caso, é o motorista aloprado desse caminhão que acabou de passar (se isso também não for apenas um sonho a mais) lançando fora madeiras de todos os tamanhos.

Nessa manhã, ao despertar, a canibalzinha sentiu o canibalzinho pertinho dela, como se o sonho pudesse se prolongar sem estorvo à luz do dia, naquela estrada coberta de madeiras. Ela se sente no entanto bem desperta, não está sonhando. E espera o dia clarear sem bocejar. Apenas bate forte a mão no braço nu para matar um mosquito irritante.

O dia começa a clarear, mas o sol não aparece.

Então a mocinha descabelada vê uma aranha numa tora escura. A aranha se mexe um pouquinho e parece virar uma mosca; depois ela gira e se transforma novamente numa aranha, com patas que são raízes soltas, deslizando suave na casca rugosa do tronco — e ela some repentinamente.

Depois de esfregar os olhos, a canibalzinha diz em voz alta, talvez para espantar os maus espíritos que retardam nessa manhã o nascer do sol:

— Essas toras estão aí há muitos anos! Elas têm até teia de aranha!

Afasta-se daquela região enfeitiçada com um leve arrepio nas costas. Cansa-se de tanto saltar por cima de troncos espalhados no chão. Então caminha no capinzal que cresce do lado da estrada.

O sol nasce de uma vez.

UM CANIBALZINHO MUITO, MUITO SÓ

CAPÍTULO 1

Anteontem, sob a interminável garoa, um rapaz vendeu guarda-chuvas negros diante do Banco do Brasil. Ao final do dia, voltou satisfeito para casa.

Ontem, quando saiu o sol, ele apareceu com um carrinho de mão e vendeu abacaxis em rodelas aos clientes do banco. Ao final do dia, voltou satisfeito para casa.

Hoje, novamente sob um sol forte, ele continua vendendo aos clientes endinheirados do banco abacaxis em fatias, agora em dois carrinhos de mão abarrotados de frutas maduras.

A canibalzinha — não estará ela sonhando de novo?! — se aproxima e compra uma rodela de abacaxi. A fruta está muito doce, ela sorri enquanto a devora com seus dentinhos afiados. (Que sonho!)

— Eu não devia estar aqui — ela diz olhando para a entrada do banco. — Não devia!

Então ela sente um estalo delicioso na sua cabecinha e arregala os olhos enquanto engole o último pedacinho de abacaxi.

— O canibalzinho que eu procuro não existe! — ela murmura para si mesma. — Não existe!

Então ela percebe pela primeira vez na vida que o canibalzinho foi sempre uma invenção deliberada da sua imaginação fértil. E que agora ele desapareceu, esfumou-se completamente no ar. Era ela — ela! — que se fingia de canibalzinho e agia por aí feito um! Que tola!

Ela é uma mocinha. (Continua sonhando!) Não é um canibalzinho. Não adianta mais procurá-lo no litoral. Ele não existe mais.

— Ele era tão doce como uma rodela de abacaxi! — ela exclama em voz alta.

— Vai mais uma? — pergunta o vendedor, que é um gigante.

A mocinha apenas olha para ele com olhos bem abertos.

— Agora é por conta da casa — ele acrescenta estendendo-lhe uma rodela de abacaxi na ponta de uma faca bem comprida.

— Obrigada — diz a mocinha pegando com as duas mãozinhas a rodela sumarenta.

Ela a devora devagar, saboreando cada pedaço, cada fiapo úmido, a cabeça inclinada para a frente, para não manchar o vestido com o caldo da fruta. (É tudo um sonho?)

De repente o vendedor lhe diz:

— Tome conta dos meus carrinhos, por favor.

A mocinha olha para ele interrogativamente enquanto seca a boca com a mãozinha de unhas compridas.

— Vou fazer xixi e já volto — revela em voz baixa o vendedor. (É a própria mocinha quem quer esvaziar a bexiga, mas no sonho é o outro que faz isso no lugar dela!)

A mocinha prontamente assume o lugar dele atrás dos dois carrinhos de mão, que estão lado a lado na calçada movimentada.

Ela se sente importante, talvez o centro das atenções. Sorri para os transeuntes. De repente ela começa a gritar:

— Olha o abacaxi! Um doce, um doce!

Então ela desperta! Precisa urgentemente fazer xixi.

CAPÍTULO 2

Trovoadas úmidas à tarde. Tudo estremece levemente. Duas emas longínquas caminham lado a lado no capim encharcado, ignorando as gotas de chuva e os caminhos de terra desertos.

— Acho que são um casal — diz sonhadoramente a canibalzinha enrolada num pedaço de paraquedas que encontrou amarrado a uma cadeira. — Uma não aparenta querer comer a outra...

De repente a canibalzinha sobe na cadeira para observar as emas. As duas estão agora paradas no meio do capinzal, onde de repente uma se deita no que aparenta ser um ninho ou buraco no chão.

— Acho que a fêmea se deitou no ninho para pôr um ovo! — diz a canibalzinha.

Por um momento ela teme que uma das emas já tenha comido as pernas da outra. Mas aquelas aves grandes parecem formar um casal... feliz. Sim, pois o macho permanece em pé ao lado do ninho, onde a fêmea se deitara para chocar os ovos. Ou para botar mais um.

Nesse instante a canibalzinha compreende tudo e cai sentada na cadeira desconfortável, dura. Imediatamente põe ambas as mãos na barriguinha cada dia mais saliente.

— Estou grávida! — ela exclama erguendo o rosto sorridente para um raio de sol inesperado.

Depois de refletir mais um pouco, diz gritando para as nuvens que se dispersam enquanto ela acaricia com certa sofreguidão a barriguinha:

— O meu canibalzinho está aqui, bem aqui! Ele existe mesmo, não é só imaginação minha!

Ela aponta com o dedo indicador a própria barriga, que está muito parecida com um ovo.

— Acho que darei à luz hoje, amanhã ou depois! — ela exclama estremecendo dos pés à cabeça.

Em breve o mundo verá uma nova criança. Na verdade, depois de nascer, o canibalzinho será a única criança viva no mundo!

— E eu prometo para mim mesma que vou criá-lo muito bem! — diz a canibalzinha banhada na súbita luz do sol.

Pelo visto ela havia se tornado com a gravidez (se é mesmo que estava grávida!) muito menos canibal do que já imaginara ser. Talvez toda mãe canibal no fundo se derreta pelo bebê que vai ter e não difira muito das outras mães. Talvez ela fosse agora apenas uma mocinha feliz que conseguirá realizar um sonho: o de ser mãe.

Expressando a felicidade que sentia nesse momento, ela fecha os olhinhos, sorri e exclama, sem tirar ambas as mãos de cima da barriga-ovo:

— Desci do céu de paraquedas!

Quando abre os olhos vê duas emas enormes em pé diante dela.

— Xô! — ela grita com a sua vozinha mais estridente.

Assustadas, as duas aves fogem dali a toda velocidade.

— Preciso proteger bem o único bebê da Terra! — diz baixinho a mocinha sorridente.

Ela tinha certeza de que seria a melhor mãe possível para aquela criança... sem pai.

Quem era mesmo o pai? Alguém que ela já havia comido?

A mocinha franze a testa. E morde de leve o lábio inferior, que parece inchado.

Aliás, ela está toda inchada.

— Daqui a pouco virarei um ovo! — exclama meio de brincadeira.

CAPÍTULO 3

Chapéus negros e urubus de asas abertas passam atrás de um muro de pedra. Do outro lado, tem a praia e vários cavalos trotando entre restos de peixes deixados na areia.

As gaivotas se aproximam também, certeiras como flechas lançadas dos terraços desmantelados que ainda se erguem diante do mar.

O canibalzinho é uma delas, ou parece ser uma. Ele pousa no chapéu escuro de um cavaleiro.

O chapéu cai no chão: o cavaleiro e o cavalo se dissolvem no ar.

Então é a vez do chapéu desaparecer.

A gaivota está sozinha na areia da praia. E desaparece também.

O canibalzinho agora se senta dentro de um ovo que ainda nenhuma ave botou. Ele não sabe se um dia será um urubu ou uma gaivota, ou outra ave qualquer. Adormece de novo no seu ovo.

Nada mais existe no mundo para quem adormece assim tão profundamente.

Nada mais existe, exceto a canibalzinha, que é o calor desse ovo. Um calor que paira a esmo na praia ao som das ondas.

UMA TERRA SÓ

CAPÍTULO 1

As montanhas não são sólidas, nem parecem feitas de pedras. Estão encharcadas, são baixas, se esparramaram para todos os lados. O mundo amanhece.

As montanhas parecem panos azul-escuros amontoados casualmente no chão. Panos úmidos, grossos, uns sobre os outros. Não se avista entre esses panos nenhuma trouxa bem feita, nenhuma trouxinha redonda sequer.

Os panos úmidos estariam à espera do sol ardente? Mas ele ainda não apareceu nessa manhã.

Diante desse informe horizonte de panos amontoados, a água da baía, que há pouco era branca, vai ficando levemente escura. Algo se agita nela, desbota e a tinge de azul. Talvez aqueles panos tenham sido mergulhados na água: foram lavados ali recentemente. Tem-se a impressão de que os panos foram puxados para fora da água nesse instante. E deixaram a água "suja", azulada.

Quem os puxou?

A Terra, naturalmente. A Terra feita de terra e quase toda coberta de água. Bem, ela se agachou diante do mar e lavou ali as suas roupas. Depois deixou as roupas espalhadas na praia.

A água do mar mudou de cor, maculada pela tinta dos panos da Terra. Agora a água ficará sempre mudando de cor, pois tem muitas tintas nela e, por isso, às vezes ela será cinza, às vezes verde, azul, negra...

A Terra não tocou mais nas suas roupas lavadas. Ela as deixou soltas na areia. E elas vão secando lentamente. Pode-se dizer que elas agora crescem, se avolumam sob o sol que repentinamente surgiu. O vento mexe nelas, apalpa-as.

O vento gostaria de vestir essas roupas, ou então de levá-las nos braços ou até mesmo numa única grande trouxa equilibrada na sua cabeça de vento. Não são roupas de se jogar fora. Pelo contrário, são as novas roupas da Terra. Os panos melhoraram muito desde que foram enxaguados nessa manhã na água do mar: eles estão verdinhos, azuizinhos...

A Terra na verdade não despiu todas as suas roupas para lavá-las no mar: ela entrou vestida na água. Para secá-las, ela depois se deitou na praia e espalhou algumas peças ao redor. E agora que as roupas estão secas e com boa aparência, a Terra senta-se diante da baía multicor.

A água está verde e azul, a baía está calma.

Quando é que a Terra, vestida dos pés à cabeça como agora com roupas limpas, dará um passeio pelas redondezas? Ou será que ela, indolente, ficará ali sentada para sempre?

Não, para sempre não. A Terra poderá saltar de repente como uma rã. Ninguém sabe o que ela fará então. Será que mergulhará sonoramente no mar?

CAPÍTULO 2

Com sua cara de gato cheia de sardas vermelhas, com suas pernas roxas curvas, a aranha está dentro da orquídea, e ali vive como quem não se levanta nunca da sua poltrona favorita. Mas a orquídea já está levemente perfurada aqui e ali...

CAPÍTULO 3

Aparentemente a aranha se transformou dentro da flor num insignificante bolinho de fios rompidos — sobressai nesse conjunto, porém, um longo fio grisalho ao sol da manhã, estendendo-se da orquídea até uma escadaria próxima de pedra carcomida, princípio ou tentativa (abandonada?) de nova teia.

EPÍLOGO

Existiria por acaso um canibalismo onírico, fundador do novo mundo?

Agrada-me pensar num certo canibalismo onírico que resistisse à ideia de sacrifício humano e que ao invés de comer o outro desse origem ao outro...

Sonhando noite e dia a mãe canibal geraria um bom canibalzinho, ser inimaginável num mundo inimaginável. Ela traria para fora da barriga onírica (ovo potente) esse e outros canibais. Talvez ela simplesmente os vomitasse aos borbotões...

A humanidade seria finalmente salva por uma canibal solitária, habitante de um mundo que já foi completamente devorado por homens, mulheres e crianças bem imagináveis. Mas a única barriga cheia seria a da canibal.

Essa canibal me parece perfeita! É a Seuci da Terra, que gerou Jurupari...

Florianópolis, 2013

SOL

A espreguiçadeira branca
Aguarda a manhã inteira
Sob o vento frio

O sol finalmente se estende nela
Mas há ainda a sombra insistente
E comprida
No espaldar

O DESMEMBRAMENTO

Ele não pôde levantar-se... Estava de costas...
Não se mexeu...
Olhou para cima... Pareceu-lhe estar preso ao chão...
Este [ ] prendia a perna direita...
Aquele [ ] prendia a esquerda...

Este [ ] prendia o seu pulso esquerdo...
Aquele [ ] prendia o seu pulso direito...

Este [ ] prendia o pescoço...

O sol estava atrás da sua cabeça...

Uns raios rasteiros. Como grudados no chão...

Não se encontrava mais num alpendre... Recentemente levantara uma choça... que entortou...

Ele sentiu dois destes [ ] [ ] fechando-se ao redor do seu pescoço...

Dois destes [ ] [ ] prendiam a sua cabeça no chão seco...

Ele estava deitado ao relento...

As suas pálpebras estavam levantadas...

Os seus olhos iam de um lado para outro...
Para cima...
Para baixo...
Sem pressa...

Era-lhe dolorido mover os olhos com rapidez...
Esse movimento tinha de ser vagaroso...
Mas ele ainda podia fazê-lo...

Ele não era... apenas um olho sem pálpebra que amava o sol...

Aspirou o ar fresco...
Seria o amanhecer...
Seria o entardecer...
E logo de novo o amanhecer...

Fechou os olhos quando começou a ventar...
O vento trouxe poeira... Aspirou a poeira...
A barba longa subia e descia...

Ele ficou de olhos fechados...
Agora nada se movia...
Exceto o vento...
Exceto a barba longa...
Exceto talvez o sol...

Talvez o sol brilhasse num céu sem nuvens...
Talvez o sol caísse... Talvez se levantasse...

De olhos fechados ele ouviu um bastão arranhar a areia...
Arranhava a areia e se aproximava da sua orelha direita... a que ouvia melhor...
O bastão quase lhe tocou o couro cabeludo...
Moveu-se um pouco mais... descendo ao longo do rosto... do lado direito...
Foi descendo...
Lentamente... Ação precisa... O bastão descrevia na areia o contorno da sua cabeça...
Sempre firme...

Ele segurava esse bastão... Ele movia esse bastão na areia...
Parara de ventar... O traço na areia não se desmancharia...
Não havia vento... Havia luz suficiente no céu... Branda... Não machucaria... Não queimaria a mão que segurava o bastão...
Ele estava em pé com um bastão na mão...
E movia esse bastão lentamente ao lado da sua cabeça...
Dessa cabeça deitada na areia de olhos fechados...

Ele não parou de arrastar o bastão na areia...
Concentrado... Olhava para o chão... só para o chão...
Não via o sol...
Podia ser o nascer do sol...
Ou o pôr do sol...

Ouviu o ruído do bastão deslocando grãos de areia... Bastão que passou rente ao seu ouvido e desceu até o maxilar...
Também ouviu os pés se moverem esmagando a areia branca... Dois pés calçados em sandálias que provavelmente se mantinham a boa distância do seu corpo... Em nenhum momento os pés voltados na sua direção roçaram a sua pele...

Percebeu que ele sempre levava o bastão para o lado... e riscava a areia sem tirá-lo do chão...
Às vezes o bastão parecia prestes a se deter... mas logo recomeçava a deslizar como antes...
Estava tão concentrado que não lhe ocorreu levantar o bastão do chão e interromper o desenho para descansar... ou examinar melhor o que já havia traçado na areia...

De antemão sabia que esse trabalho demandaria horas...
Ele se afastava cada vez mais da sua cabeça...
Estava na altura do pescoço e desceu para os ombros...

Ele podia ver tudo ao seu redor...
Menos o sol... que havia se posto... ou começava a nascer...

Podia ver a mata e os pássaros pousados nos galhos...
Viu um galho muito próximo... As aves brancas voaram quando ele passou...
Certamente gritaram... mas ele não ouviu...
Não se importou com os pássaros que esvoaçaram às suas costas...
Riscar continuamente a areia era a sua única ocupação...

Só via a areia e a ponta do bastão avançando nela...
Talvez nem percebesse mais o que já fizera na areia com a ponta do bastão...
Talvez nem percebesse mais o corpo deitado no chão...
O movimento do bastão era contínuo... num mesmo ritmo... como se não topasse com obstáculos...

Os pés não chutavam para a frente uma só pedra...
Nem a ponta do bastão tocou jamais o seu corpo...

O traço ia ganhando a areia... mas não ouviu mais o ruído do bastão remexendo os grãos secos...
Ele não ouvia som nenhum... Percebia apenas a mata às costas... dele...
E percebia a areia infinita que ele ainda teria de percorrer...
E ele se deslocava mantendo o bastão pousado no chão...
Afastava-se estirando o risco...
Sem levantar do chão o bastão...
Sem interromper o esboço sem fim...

Mas ele temia que ele encontrasse logo à frente uma pedra...
Uma rocha...
Mas não havia nenhuma rocha à vista...
Ele não teria de interromper o esboço logo no começo...
Essa constatação o deixou tranquilo...

Era uma tranquilidade aparente...
Ele temia o pior...

Pois logo à frente ele haveria de encontrar um rio...
Uma base de calcário... um pedestal...

Via perfeitamente a mata verde atrás dele...
E ele se afastava rapidamente arrastando o bastão na areia...
Alheio a qualquer outra preocupação...
Executava a obra e pronto...

Talvez lhe coubesse ficar ali fazendo conjecturas...
Supondo acidentes e interrupções no trabalho...
Enquanto ele traçava com invejável concentração o esboço na areia...

Mas...
E se ele... lhe transmitisse sem querer essas preocupações... essas apreensões?...

Por que iria perturbá-lo à toa?... E fazê-lo parar subitamente?...
Não seria melhor não pensar em nada?...
Tentaria apenas olhar o céu... ou o traço que avançava sem fim...
Era obrigado a olhar a areia e a ponta do bastão imerso nos grãos brilhantes...
Os seus olhos fechados estavam abertos...
Não podia fazer outra coisa... senão ver...
Era como se não tivesse mais pálpebras...

Dois olhos que amavam o sol...
E por isso não se fechavam nunca...
Pelo menos não se fechariam... enquanto o sol brilhasse...
Mas ele poderia adormecer subitamente...
Então...
Não sentia sono...
Sequer fadiga...
Simplesmente se deitara de costas...
O contorno de um lado do seu corpo já estava marcado na areia...

O pó havia tapado os seus ouvidos...
Não os olhos...
Essa sensação de não ter mais pálpebras era a prova de que estava vivo...
Não tirava os olhos de cima dele...
Quando ele retornasse contornando o outro lado do seu corpo talvez voltasse a ouvir o bastão correndo na areia...
Na volta ele poderia pressionar com mais força o bastão na areia...
Poderia até limpar o seu ouvido com a extremidade do bastão...
Mas se o fizesse interromperia a finalização do desenho...
O entalhe...

Ele não se distraía...
Um trabalho esmerado... ininterrupto...

Viu claramente quando ele se aproximou de umas pedras que brotaram na areia...

Mas ele não se perturbou...
Rodeou as pedras e incluiu o curioso contorno delas no traçado geral da obra...
Aquelas pedras pareciam os seus dedos fechados...
Talvez fossem os seus dedos... uns dedos que agarravam a areia... e que não a soltaram...
Eram também... bases... blocos antigos...

Ele era admirável...
Já havia se afastado bastante das pedras...
Sempre ereto... passava o bastão na areia sem jamais tropeçar...
Não podia deixar de admirar esse domínio de si...

Certamente saberia enfrentar todos os obstáculos que surgissem durante a execução da obra...
Nada o deteria agora...
Nada o faria modificar o contorno da escultura...

Ele deitado...
Ninguém o acusaria de um único deslize!...

Mas já não pensava que essa obra devesse ser concluída um dia...
Não tinha certeza de que ela pudesse ficar pronta...
Gostaria apenas de continuar deitado...
Ele nunca pararia de puxar o bastão...

Mas um dia ele deveria voltar...
Pelo outro lado do seu corpo...
Arrastando o bastão pela areia...

Mas poderia não conseguir voltar...
Começou a imaginar as circunstâncias que poderiam impedi-
-lo de voltar pelo outro lado do seu corpo...

E se ele nunca mais voltasse...
Talvez um belo dia ele acabasse adormecendo profundamente...
como uma pedra...
Como um monumento...
O curioso é que sempre via o céu claro... atrás...
Um sol subindo...
Um sol descendo...
E sob o sol invisível o bastão deslizando na areia...

Talvez de repente escurecesse...
Será que ele se deteria?...
Será que ainda perceberia os seus passos no escuro?...
E se ambos dormissem profundamente à noite?...

Talvez dormisse de olhos abertos... mas sem nada ver?...
E se uma súbita trovoada o despertasse à noite?
Voltaria a ouvir...
A enxurrada escorrendo ao seu lado...

A chuva apagaria o caprichoso esboço na areia...
A chuva tornaria vago e indistinto o vulto arrastando o bastão na enxurrada...

Mas nada disso aconteceu...
Havia luz.
O sol iluminava a areia...
Iluminava as árvores...
Ele ainda traçava na areia o contorno de um corpo...
Um corpo... que podia ser o seu... ou não...
Simplesmente um corpo deitado...
Um corpo que não se movia...
Um corpo que não ouvia...
Um corpo sem pálpebras...

Perguntou se ele não estaria se deslocando rápido...
Talvez a sua velocidade agora fosse maior...
Uma velocidade que atingiu o seu limite...

Mas ele não parecia haver acelerado o passo...
O trabalho continuava meticuloso... e o resultado perfeito...
Ele não deslizava como um fantasma na areia...
Movia normalmente as pernas... para o lado...
Primeiro uma... logo a outra.... e assim se deslocava imperturbável à tarde... e ao amanhecer...
Sempre no mesmo ritmo...
Sempre executando com precisão o seu trabalho...
Infatigável...

Tentou erguer a cabeça...
Apoiou ambas as mãos na areia...
De repente conseguiu... Ficou de joelhos...
Conseguiu levantar-se devagar...
Ergueu um joelho... e apoiou nele as mãos...
De repente estava em pé...

Cambaleou...
Não entendeu por que fez isso...

Quando deu por si estava deitado de bruços na areia...
Olhava para o horizonte com o queixo apoiado no chão...
A barba tremulava à frente dele...
Ouviu um zumbido que logo cessou...
Os olhos fechados... não tinham pálpebras...
Então percebeu tudo a sua frente...
Viu à esquerda o areal vazio a perder de vista...
Viu a mata verde à direita...
Tudo parecia igual... menos ele...
O sol brilhava na mesma posição... invisível...
Era outra vez de manhã...
Era outra vez de tarde...

Ainda não sabia se havia destruído... ou não... a vasta imagem...

Ele ainda desenhava o seu contorno?...
Arrastava obstinadamente o bastão na areia?...
O que faria ao perceber o corpo de bruços?...
Não levantaria o bastão do chão?...
Não pararia definitivamente de traçar o seu contorno?
Certamente não seria fácil retomar o trabalho...

Não seria fácil... porque ele não encontraria mais as pernas...
Encontraria...
O quê?...
A cabeça?...
Talvez não... talvez não...
Encontraria... sim... as pernas!...

É que ele dera uns passos para a frente e não para trás...
Dera uns passos para a frente antes de desabar de bruços na areia...

Foi ele quem ficou para trás...
Para trás!...
E estaria agora ao lado dos seus pés... não da sua cabeça...
E poderia traçar o seu contorno... começando desta vez dos pés e não mais da cabeça como antes...
Traçaria o contorno da sua longa perna... avançando sempre...

E não é que ele... fazia exatamente isso!...
Arrastava o bastão ao longo da sua perna...
Exatamente...

Era capaz de olhar para trás... mesmo estando deitado de bruços na areia... imóvel...
Tinha olhos sem pálpebras atrás da cabeça...
Percebia tudo o que se passava atrás de si...
E a sua frente também...
Simultaneamente...

Ora, havia algo de inusitado no seu procedimento...
Ele avançava com a ponta do bastão no chão... sim...
Mas encontrava-se agora do lado esquerdo do seu corpo!...
E isso aparentemente não o perturbou...

Ele fez na areia o contorno do seu pé esquerdo...
Um pé descalço...
Pé distante... mas nítido...
E ele prosseguiu...
Riscou o contorno da sua canela nua...
Com que espantosa concentração!...

Mas de repente ele ergueu os olhos do chão...
Sem interromper o trabalho aspirou a aragem da manhã ou da tarde...
E pôde examinar rapidamente... bem rapidamente o contorno que fizera até então na areia...

De um modo imperceptível erguera a cabeça...
E olhara para a frente e para trás...
Com os seus olhos expertos... olhos de mestre...

Também ele pôde apreciar o seu contorno na areia...
Ao olhar para trás viu o desenho feito por ele...
É claro que ainda não completara a obra...
O esboço...
O modelo...
Uma linha contínua flutuava na areia... longa...
Essa linha contornara um lado da sua cabeça... o seu ombro direito... um lado do seu pescoço... o seu braço direito... um lado da sua cintura... um lado do seu pé esquerdo... da sua canela... da sua perna esquerda...

Os seus dois lados haviam se encontrado... e se unido...
Sob o sol da manhã... ou da tarde...

A linha na areia parecia mais reta do que deveria...
Apenas um traço na areia... feito com um bastão...
Essa linha parecia o rastro de um grande verme...

O bastão ainda avançava pela areia...
Nas suas duas mãos...
À tardinha...
Ao amanhecer

Ao amanhecer
À tardinha

CINZAS

As sementinhas cabeludas
Grises
Não cessam de passar de um lado para outro

Giram, aceleram, passam
Diante do senhor grisalho que
Sob o sol forte
Não para

**CADASTRO
ILUMINURAS**

Para receber informações sobre nossos lançamentos e promoções envie e-mail para:

cadastro@iluminuras.com.br

Este livro foi composto em Garamond pela *Iluminuras* e terminou de ser impresso em Julho de 2013 nas oficinas da *Paym Gráfica*, em São Paulo, SP, em papel off-white 70 gramas.